Die heilige Messe

Vor dem Gottesdienst

*Die Kirche ist das Haus Gottes.
Wenn wir die Kirche betreten,
bekreuzigen wir uns mit Weihwasser.
Das erinnert uns an unsere Taufe.
In der Taufe sind wir Freunde
Gottes geworden.*

*Bevor wir in die Bank hineingehen und Platz
nehmen, machen wir eine Kniebeuge,
um mit diesem Zeichen Jesus zu begrüßen.*

AF178407

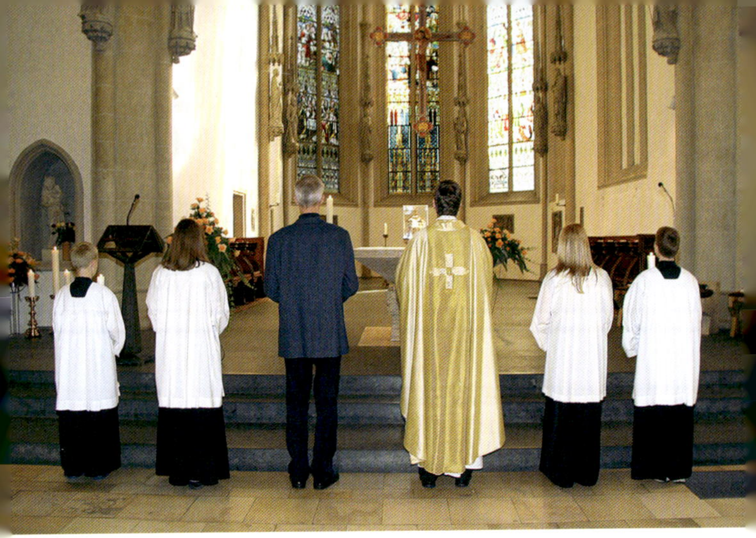

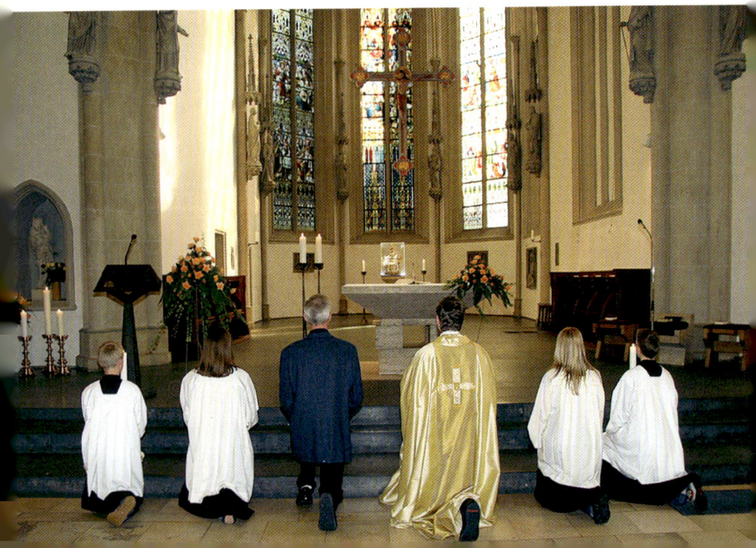

1.Teil des Gottesdienstes: Wortgottesdienst

Einzug

*Nach einem Klingelzeichen beginnt
der Gottesdienst.
Wir singen gemeinsam ein Lied.*

*Der Priester und die Messdiener
betreten die Kirche und machen
eine Kniebeuge, um mit diesem
Gruß Jesus zu verehren.*

*Der Priester tritt an den Altar
und küsst ihn.
Auch das ist ein Zeichen
der Verehrung für Jesus.*

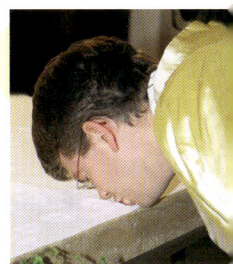

Eröffnung

Wir machen das Kreuzzeichen. Der Priester spricht:

**Im Namen des Vaters und des Sohnes
und des Heiligen Geistes.**
Amen.

*Dann breitet der Priester
seine Hände aus
und begrüßt die Gemeinde:*

Der Herr sei mit euch.
Und mit deinem Geiste.
(Das heißt: Und auch mit dir.)

Kyrie – Vergebungsbitte

Wir bitten Gott um sein Erbarmen.

Herr, erbarme dich.
Herr, erbarme dich.
Christus, erbarme dich.
Christus, erbarme dich.
Herr, erbarme dich.
Herr, erbarme dich.

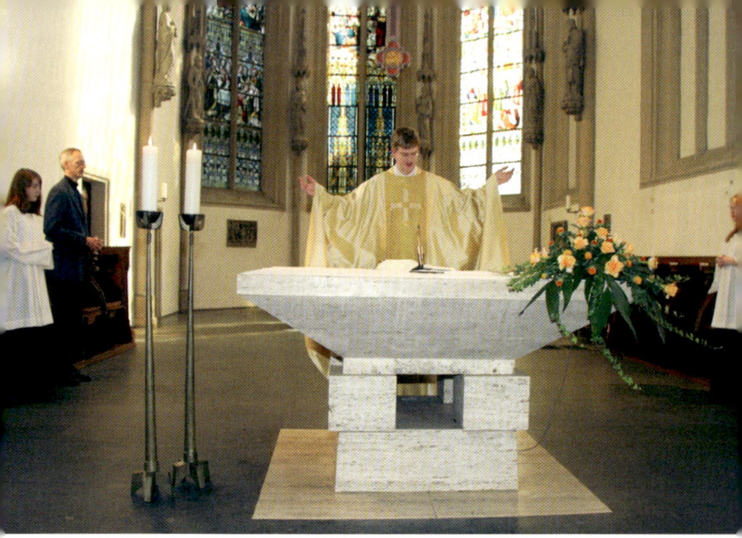

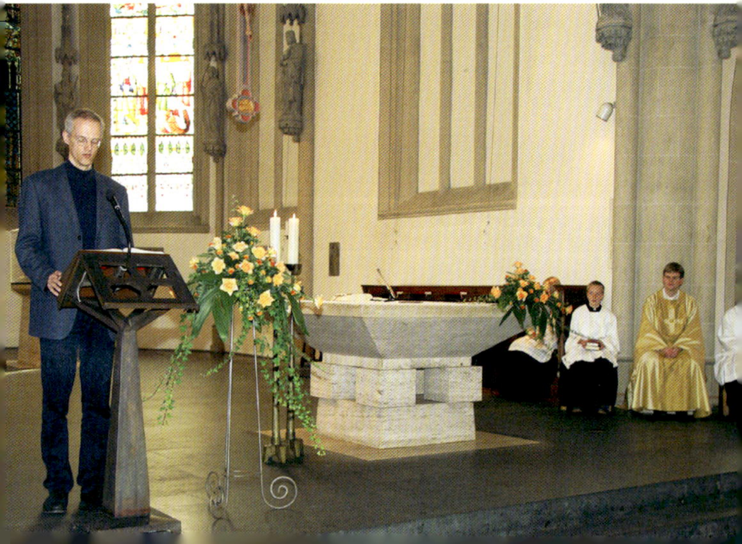

Gloria

*Wir singen das Glorialied.
Mit diesem Lied wollen wir
Gott loben und preisen.*

Tagesgebet

Lasset uns beten.

*Der Priester breitet am Altar die Hände aus
und betet stellvertretend für uns alle zu Gott.*

Amen.
(Das bedeutet: Ja, so ist es; so soll es sein.)

Lesung

*Der Lektor geht zum Vorlesepult (Ambo)
und liest uns aus der Bibel vor.
Am Ende der Lesung sagt der Lektor:*

Wort des lebendigen Gottes.
Dank sei Gott.

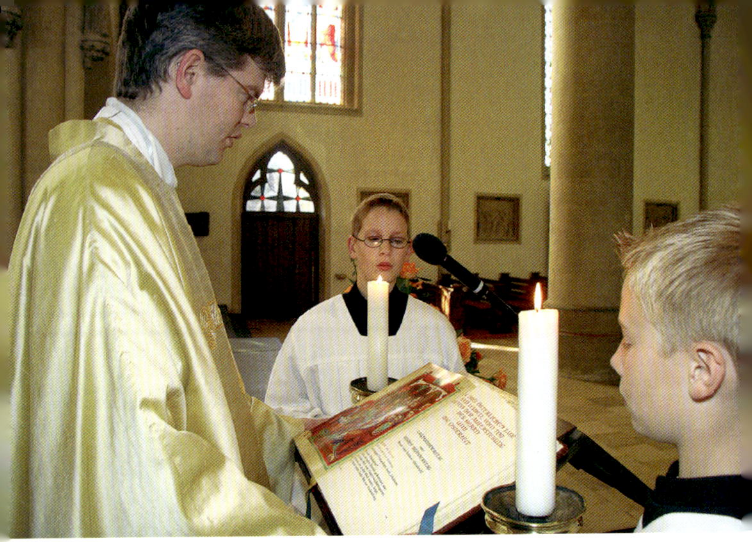

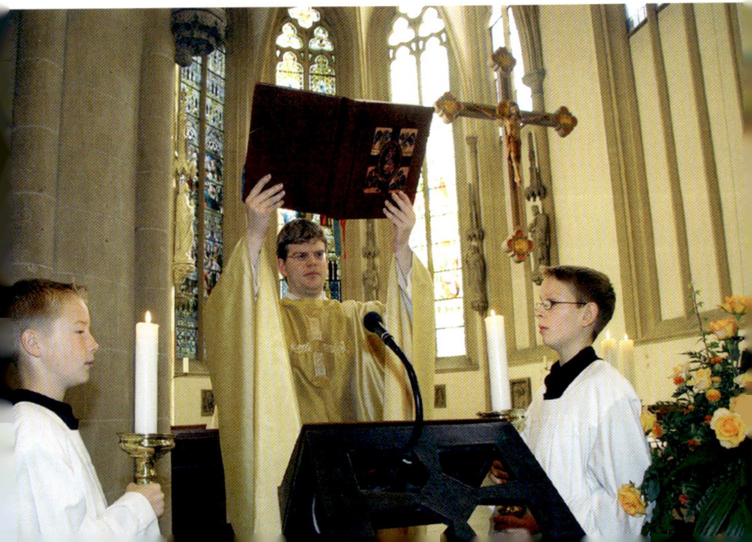

Evangelium

*Der Priester und zwei Messdiener holen
das Buch ab, in dem die Evangelien auf-
geschrieben stehen. Die Evangelien
berichten uns über das Leben Jesu.*

*Der Priester bringt das Buch mit
den Evangelien in einer Prozession
zum Vorlesepult (Ambo) und
schlägt das Evangeliar auf.*

*Nun wird die Frohe Botschaft
verkündet.*

Der Herr sei mit euch.
Und mit deinem Geiste.
**Aus dem heiligen Evangelium nach
Markus** *(Matthäus, Lukas, Johannes).*
Ehre sei dir, o Herr.

*Während wir diese Worte sprechen,
machen wir drei kleine Kreuzzeichen:
auf die Stirn, den Mund und die Brust.
Das bedeutet: Wir möchten das Evangelium verstehen, weitersagen und leben.*

*Nachdem das Evangelium vorgelesen wurde,
ruft der Priester:*

Evangelium unseres Herrn Jesus Christus.
Lob sei dir, Christus.

Predigt

Nach dem Evangelium erklärt uns der Priester die Worte aus der Heiligen Schrift. Seine Ansprache nennen wir Predigt.

Glaubensbekenntnis

Wir bekennen unseren Glauben in einem Lied oder im Apostolischen Glaubensbekenntnis:

Ich glaube an Gott, den Vater, den Allmächtigen,
den Schöpfer des Himmels und der Erde;
und an Jesus Christus,
seinen eingeborenen Sohn, unsern Herrn,
empfangen durch den Heiligen Geist,
geboren von der Jungfrau Maria,
gelitten unter Pontius Pilatus,
gekreuzigt, gestorben und begraben,
hinabgestiegen in das Reich des Todes,
am dritten Tage auferstanden von den Toten,
aufgefahren in den Himmel;
er sitzt zur Rechten Gottes, des allmächtigen Vaters;
von dort wird er kommen,
zu richten die Lebenden und die Toten.
Ich glaube an den Heiligen Geist,
die heilige katholische Kirche,
Gemeinschaft der Heiligen,
Vergebung der Sünden,
Auferstehung der Toten
und das ewige Leben. Amen.

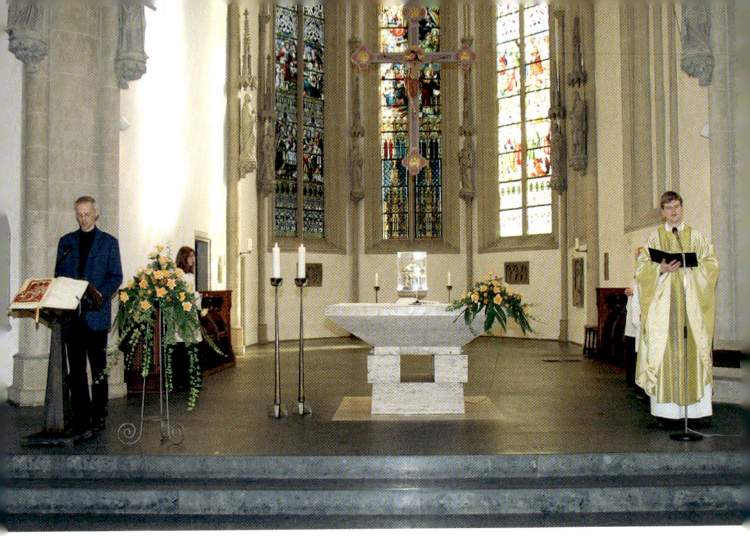

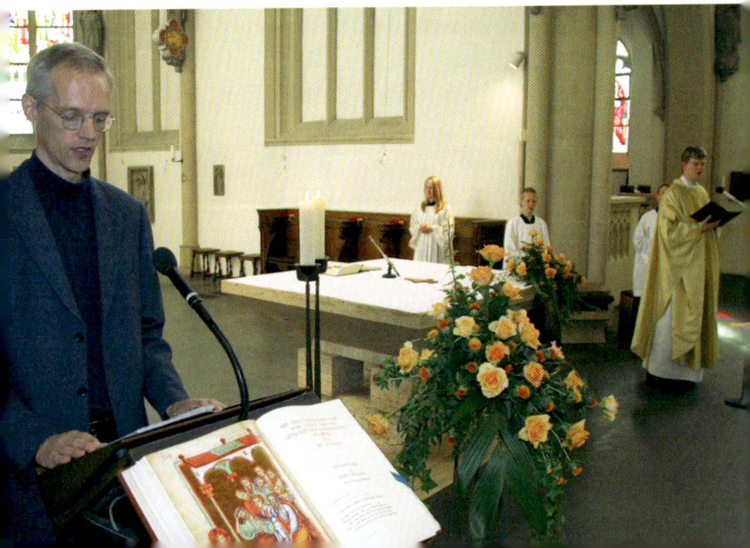

Fürbitten

Der Lektor trägt Gott unsere Bitten vor.

Wir bitten Gott

für alle Menschen nah und fern,

für die Lebenden und die Verstorbenen,

für unseren Papst und für die Bischöfe,

für die Großen und die Kleinen in der Welt,

für die Kranken und Schwachen,

für die Menschen, die Not leiden.

Auf die einzelnen Fürbitten antworten wir:

Wir bitten dich, erhöre uns.

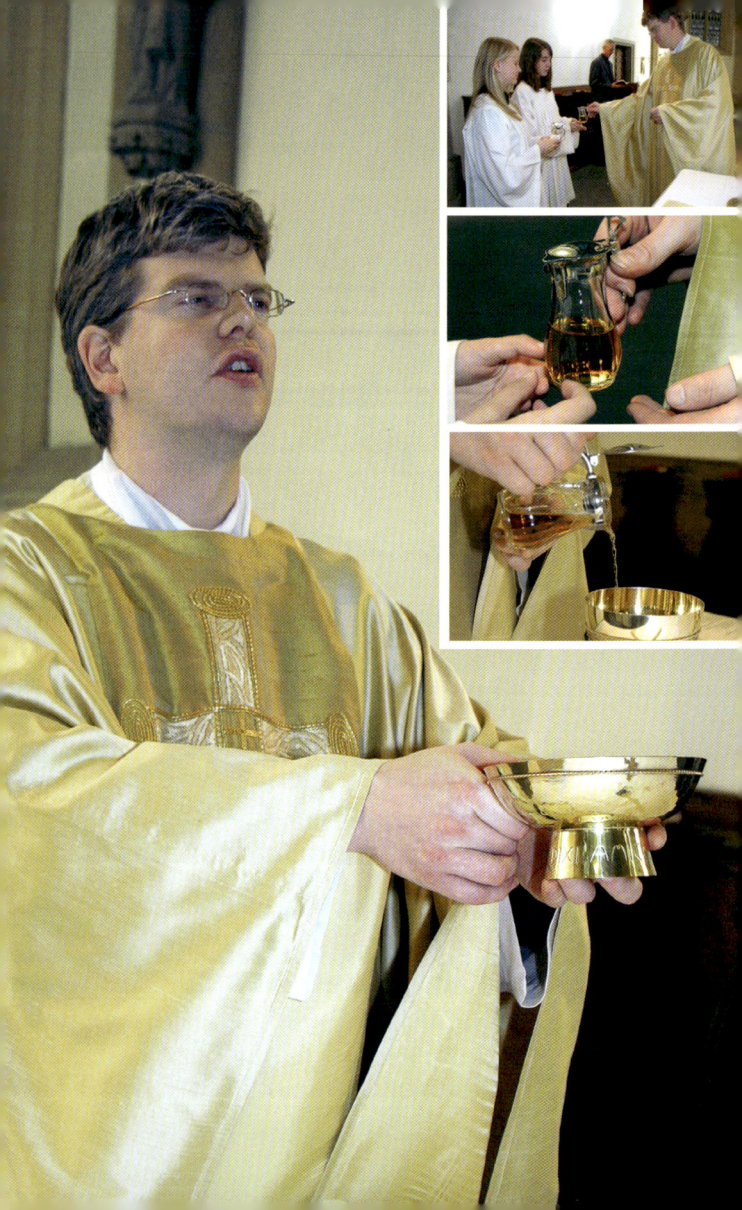

2.Teil des Gottesdienstes: Eucharistiefeier

Gabenbereitung

Bei der Gabenbereitung wird der Altar für das heilige Mahl vorbereitet. Zuerst bringen die Messdiener die Schale mit dem Brot und den Kelch zum Altar. Nun werden Wein und Wasser zum Altar gebracht. Der Priester gießt davon etwas in den Kelch.

Stellvertretend für die ganze Gemeinde bringt der Priester Gott die Gaben dar. Dabei denken wir daran, dass wir zu Gott gehören. Der Priester wäscht sich nun die Hände. Er bittet Gott darum, dass alle Schuld von ihm abgewaschen wird.

Gabengebet

Lasset uns beten.

Der Priester bittet Gott in einem Gebet, er möge unsere Gaben annehmen.

Amen.

Hochgebet

*Das Hochgebet ist das wichtigste Gebet
der heiligen Messe.
Es beginnt mit den Worten:*

Der Herr sei mit euch.
Und mit deinem Geiste.
Erhebet die Herzen.
Wir haben sie beim Herrn.
Lasset uns danken dem Herrn, unserem Gott.
Das ist würdig und recht.

*Der Priester singt nun den Anfang des Hochgebetes.
Danach singen wir gemeinsam das Heilig-Lied:*

Heilig, heilig, heilig!

Der Priester nimmt das Brot in seine Hände
und spricht genau dieselben Worte,
die Jesus beim letzten Abendmahl
zu seinen Jüngern gesagt hat:

Nehmet und esset alle davon:
Das ist mein Leib,
der für euch hingegeben wird.

Danach nimmt der Priester den Kelch
mit Wein und spricht:

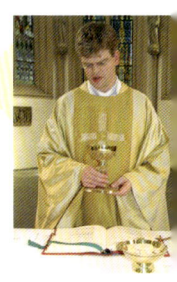

Nehmet und trinket alle daraus: Das ist
der Kelch des neuen und ewigen Bundes,
mein Blut, das für euch und für alle ver-
gossen wird zur Vergebung der Sünden.
Tut dies zu meinem Gedächtnis.

Mit diesen Worten werden Brot und Wein
in Leib und Blut Christi verwandelt.

Durch Klingeln mit den
Schellen laden die Mess-
diener zur Anbetung ein
und zeigen an: Dies ist ein
ganz besonderer Moment!

Geheimnis des Glaubens:
Deinen Tod, o Herr, verkünden wir, und deine Auferstehung preisen wir, bis du kommst in Herrlichkeit.

Am Ende des Hochgebetes hebt der Priester die Hostienschale und den Kelch hoch und singt:

Durch ihn und mit ihm und in ihm ist dir, Gott, allmächtiger Vater, in der Einheit des Heiligen Geistes alle Herrlichkeit und Ehre jetzt und in Ewigkeit.
Amen.

Vater unser

Jetzt folgt das „Gebet des Herrn": Es sind die Worte, die Jesus mit seinen Jüngern gebetet hat.

Lasset uns beten,
wie der Herr uns zu beten gelehrt hat:

Vater unser im Himmel,
geheiligt werde dein Name.
Dein Reich komme.
Dein Wille geschehe,
wie im Himmel so auf Erden.
Unser tägliches Brot gib uns heute.
Und vergib uns unsere Schuld,
wie auch wir vergeben unsern Schuldigern.
Und führe uns nicht in Versuchung,
sondern erlöse uns von dem Bösen.

Denn dein ist das Reich und die Kraft
und die Herrlichkeit in Ewigkeit.
Amen.

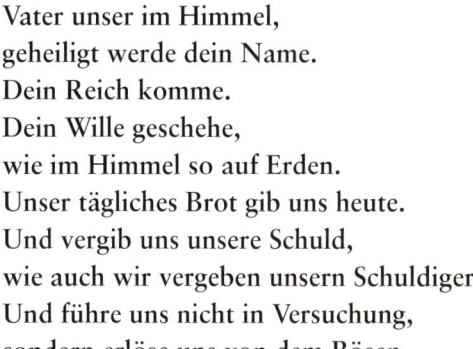

Friedensgruß

Jesus hat seinen Jüngern Frieden versprochen.
Auch wir bitten um den Frieden, den Jesus uns
schenken will.
Wenn wir den Frieden Jesu empfangen,
können wir ihn an andere weitergeben.
Das zeigen wir, indem wir uns die Hand reichen.

Der Friede des Herrn sei allezeit mit euch.
Und mit deinem Geiste.

Nun reichen wir einander die Hand und wünschen uns
gegenseitig den Frieden.

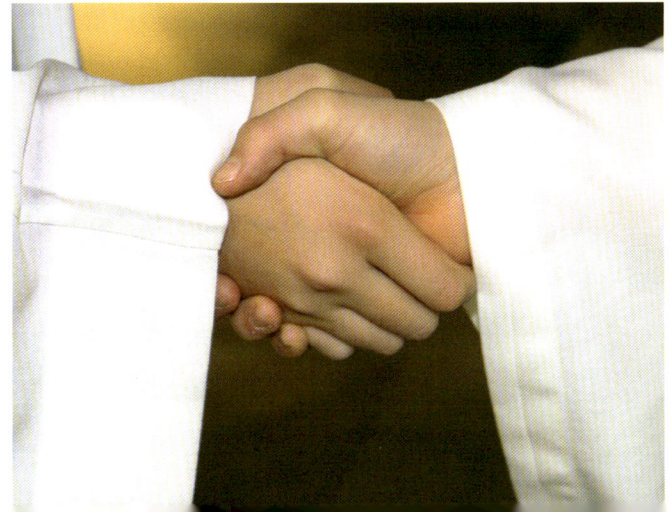

Lamm Gottes

*Nun bricht der Priester das heilige Brot
(die Hostie) in mehrere Stücke.
Der Priester zeigt den Gläubigen die Hostie
und sagt dabei:*

Seht das Lamm Gottes, das hinwegnimmt
die Sünde der Welt.

Wir antworten darauf:

Herr, ich bin nicht würdig, dass du eingehst
unter mein Dach, aber sprich nur ein Wort, so
wird meine Seele gesund.

Heilige Kommunion

Bei der Kommunion empfangen wir Christus selbst, der sich durch die Hostie mit uns verbinden will.

Der Priester empfängt am Altar auch das Blut Christi und trinkt aus dem Kelch.

Beim Austeilen an die Gläubigen hebt der Priester das heilige Brot ein wenig empor.

Der Leib Christi.
Amen.

Nach der Kommunion gehen wir an unseren Platz zurück und beten in Stille zu Jesus.

Wenn alle die heilige Kommunion empfangen haben, säubert der Priester die Hostienschale und den Kelch.

Schlussgebet

Lasset uns beten.

*Der Priester dankt in einem Gebet Gott
für das Geschenk der heiligen Kommunion.*

Amen.

Segen

*Der Priester segnet die Gemeinde.
Die Gläubigen wissen dadurch:
Gott bleibt bei uns.*

Der Herr sei mit euch.
Und mit deinem Geiste.

Es segne euch der allmächtige Gott,
der Vater
und der Sohn
und der Heilige Geist.
Amen.

Gehet hin in Frieden.
Dank sei Gott, dem Herrn.

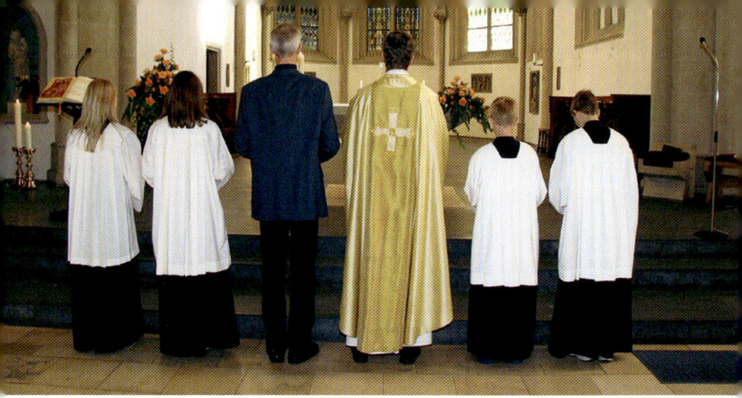

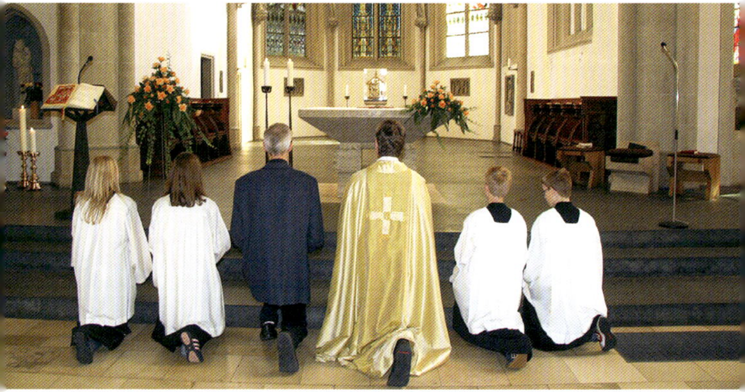

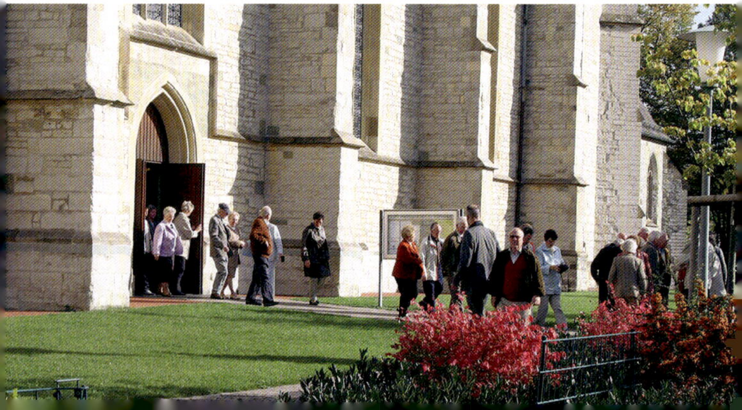

Der Priester küsst zum Abschluss
des Gottesdienstes den Altar
und zeigt so: Das Mahl,
das uns mit Jesus verbindet,
ist uns heilig.

Zum Schluss singen wir ein Lied.

Der Priester und die Messdiener
machen eine Kniebeuge.

Auch wir machen eine Kniebeuge und zeigen
auf diese Weise Jesus noch einmal unsere
Verehrung.

An der Ausgangstür bekreuzigen
wir uns mit Weihwasser: Es ist schön,
dass wir getauft sind und immer
wieder Gottesdienst feiern können!

Wir verlassen die Kirche, in der wir die
heilige Messe gefeiert haben.
Wir glauben: Die Begegnung mit Jesus im Gottesdienst
macht die Menschen froh und frei.

Im Kreuz ist Heil.
Im Kreuz ist Leben.
Im Kreuz ist Hoffnung.